Atelier

Bida

CATALOGUE

DES

AQUARELLES ET DESSINS

PAR

BIDA

TABLEAUX ET DESSINS

PAR

**Clairin, Delacroix, Fromentin, Heilbuth, Meissonier,
Puvis de Chavannes, etc.**

GRAVURES, LITHOGRAPHIES, OUVRAGES ILLUSTRÉS

PAR

Bida, Hédouin, Raffet, J.-P. Laurens, etc.

OBJETS D'ART ET DE CURIOSITÉ

Bronzes et Cuivres — Armes — Céramique — Costumes — Etoffes

MEUBLES

TAPISSERIES

DONT LA **VENTE** AURA LIEU A PARIS

Par suite du décès de M. BIDA

HOTEL DROUOT, SALLE N° 6

Les Vendredi 26, Samedi 27, Lundi 29 et Mardi 30 Avril 1895

à 2 heures

COMMISSAIRES-PRISEURS

M˙ P. CHEVALLIER	M˙ G. DUCHESNE
10, rue de la Grange-Batelière, 10	6, rue de Hanovre, 6

EXPERTS

Pour les Aquarelles, Dessins, etc.	*Pour les Objets d'art :*
M. DURAND-RUEL	**M. CHARLES MANNHEIM**
16 rue Laffitte, 16	7, rue Saint-Georges, 7

EXPOSITIONS : SALLES N°ˢ 5 ET 6

PARTICULIÈRE : *Le Mercredi 24 Avril 1895, de 1 heure 1/2 à 5 heures 1/2*
PUBLIQUE : *Le Jeudi 25 Avril 1895, de 1 heure 1/2 à 5 heures 1/2*

CONDITIONS DE LA VENTE

Elle sera faite expressément au comptant.

Les acquéreurs payeront *cinq pour cent* en sus des adjudications.

L'exposition mettant le public à même de se rendre compte de l'état et de la nature des objets, il ne sera admis aucune réclamation une fois l'adjudication prononcée.

Les Dessins non signés par l'artiste porteront l'estampille ci-après :

Paris. — Imp. de l'Art. E. Moreau et Cie, 41, rue de la Victoire.

ORDRE DES VACATIONS

Vendredi 26 Avril 1895

Aquarelles par Bida.	N^{os}	1 à 41

Aquarelles par Bida. . . . . N°s 1 à 41
Dessins par Bida. . . . . — 132 à 222
Tableaux et Dessins par divers artistes. . . — 287 à 313

Samedi 27 Avril

Dessins par Bida . . . . N°s 42 à 131
   —   —   . . . . — 223 à 286

Lundi 29 Avril

Gravures, Eaux-fortes et Lithographies . . N°s 314 à 390
Livres, Photographies. . . . . — 391 à 422

Mardi 30 Avril

Objets d'Art, de Curiosité et d'Ameublement. N°s 423 à 542

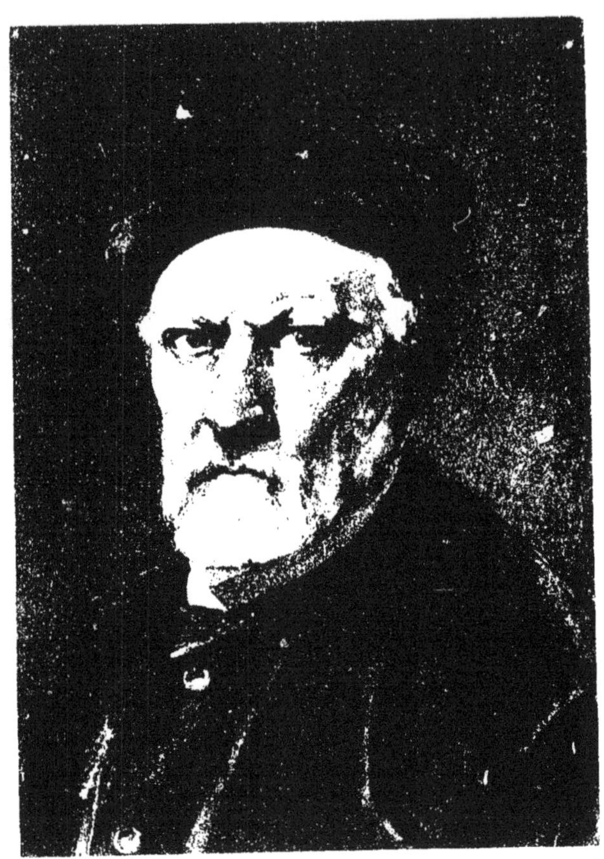

ALEXANDRE BIDA

ALEXANDRE BIDA

LEXANDRE BIDA est mort le 2 jan-
vier 1895, à l'âge de quatre-vingt-un
ans, dans la petite ville d'Alsace
où depuis de longues années il
s'était retiré.

Il était né le 1er octobre 1813, à Toulouse ; mais sa famille était originaire des
Ardennes. Gonzague Bida, le père de l'artiste,
avait, pendant la Révolution, pris du service en
Suède ; à son retour de l'émigration, dans les
premières années du Consulat, et, comme il
traversait la France pour se rendre en Espagne,
un hasard de voyage le fit s'arrêter à Montgis-
card. Il y resta, s'y maria, y ouvrit une école
et alla bientôt après s'établir à Toulouse où
son institution jouit d'une certaine vogue.

C'est là que se passèrent les premières années
d'Alexandre Bida. Mais, en 1825, son père étant
venu se fixer à Paris, il fut successivement

placé aux collèges de Compiègne, Stanislas et Saint-Louis, jusqu'à ce qu'un de ses oncles, le chanoine Régis Bida, prêtre excellent et érudit, dont l'influence sur lui fut très grande, le prît sous sa direction au séminaire de Charleville. Il y resta jusqu'en 1831 et retourna alors auprès de sa mère, à Toulouse. Là, il dut mettre à profit les leçons de son oncle et enseigna à son tour le grec et le latin qu'il possédait à fond.

Cependant le goût du dessin, qui dès l'enfance lui avait fait couvrir d'illustrations les marges de ses cahiers d'écolier, devenait chez lui de plus en plus impérieux — et, à l'âge de vingt-deux ans, vers 1835, il prit le parti de se consacrer tout entier à l'art. — Il congédia ses élèves et revint à Paris.

Un petit dessin au crayon, qui figure à sa vente, nous montre ce dont il était alors capable; on y lit cette mention de sa main : « *Mon premier dessin d'après nature fait chez mon ami de Lestang Parade, rue de la Bienfaisance, 1835.* » Il lui restait assurément beaucoup à apprendre encore pour rattraper le temps perdu. Il se mit à l'école chez Delacroix qui le garda deux ans dans son atelier. Jusqu'à la fin, c'est du grand artiste, sous les auspices duquel il avait voulu entrer dans la carrière —

te duca e maestro — qu'il aima à se réclamer, sans d'ailleurs prétendre l'imiter ; c'est de lui qu'il se souvint surtout quand il exécuta la série de ses aquarelles pour une illustration de Shakespeare et évoqua à son tour, dans la nuit pleine de gémissements, les figures de Macbeth, d'Hamlet, d'Ophélie ou d'Othello.

Ses premières œuvres furent des lithographies dans le goût du temps et, jusqu'en 1843, il semble qu'il n'ait pas lu très clairement dans sa pensée ni aperçu nettement ce qu'il avait à faire. Son mariage (1839) l'avait de nouveau attiré dans le Midi, et ses séjours à Toulouse étaient devenus plus fréquents et plus longs, quand, en 1843, quelques amis l'ayant décidé à les accompagner à Venise, il se sentit gagné aux charmes de l'Orient entrevu et fit à Constantinople et en Syrie un premier voyage qui décida de sa vocation.

Les études et croquis qu'il en rapporta marquent le véritable début de l'artiste. Si l'exécution en est encore timide et mince, on y trouve déjà cette recherche attentive et loyale du caractère individuel qui devait bientôt attirer définitivement sur lui les regards des connaisseurs et du public. A son retour, il passa deux ans à Toulouse ; mais il comprit que le séjour de Paris lui était indispensable ; il y revint avec le sentiment de ce qui lui manquait encore et la volonté de l'acquérir par un labeur acharné. Il avait pris au grand sérieux un mot qui revenait souvent sur les lèvres de Delacroix, son maître : « Peinture lâchée, peinture de lâche. » On sentira dès lors dans toutes les œuvres de sa main la volonté et la pensée toujours présentes, n'abandonnant rien au hasard ou au *trompe-l'œil*, n'arrivant à *l'effet* que par une mise en valeur à la fois pittoresque et logique, une profonde intelligence des données du sujet. Le *Café à Constantinople*, le *Barbier arménien* furent remarqués et achetés par l'État, comme le *Marché d'esclaves*, à l'Exposition de 1849. En même temps, il recevait la commande de nombreux portraits au pastel et à l'aquarelle.

Mais il éprouvait de nouveau le besoin de reprendre contact avec l'Orient, qui l'avait enchanté. Ses souvenirs ne lui suffisaient pas; il voulait qu'on sentît dans ses moindres ouvrages la présence réelle de la nature; en 1850, au mois d'avril, il se remit en route et, cette fois, commença par l'Égypte. En dépit du choléra qui sévissait au Caire, il y passa plusieurs mois, et les études au crayon et à la sanguine dont il remplit alors ses cartons compteront au nombre des plus beaux morceaux et des plus persuasifs qu'il ait jamais signés. On y sent la certitude et la joie du bon ouvrier, en pleine possession de ses moyens, en communion intime avec la nature et la vie ; la vision est pénétrante, l'exécution alerte et décisive, le caractère individuel fortement souligné ; le métier à la fois sobre, souple et vigoureux, abonde en réussites.

L'album lithographique que Bida publia au retour obtint un grand succès, — attristé par la mort de sa mère qui, de nouveau, le rappela dans le Midi... En 1854 il donnait les grands dessins du *Retour de la Mecque*, du *Dosseh* qu'admirait tant Théophile Gautier : « Le chef de l'ordre des derviches, fondé par Sâad-Eddin, sort de la mosquée ; des fanatiques se couchent sur son passage et sont foulés par les pieds de son cheval. L'artiste a exprimé avec une profondeur admirable la quiétude fataliste de l'Islam et la foi ardente de ces malheureux qui pavent de leur corps la route du derviche impassible ; le seul qui éprouve un sentiment parmi cette multitude de fanatiques, c'est le cheval ; il baisse la tête, renifle et lève les sabots délicatement pour ne blesser personne. »

En 1855, *le Réfectoire des moines grecs* valait à l'artiste la croix de la Légion d'honneur ;

le duc de Morny lui commandait son portrait :
il était « arrivé » — comme on dit. — Mais
il était de ceux qui se contentent difficilement
et que le succès avertit plus qu'il ne les grise.
Il voulut aller se retremper à la source même
de son inspiration, et, au mois de décembre 1855,
il se remettait en route pour Athènes, Constantinople (où il passa trois mois et fit le portrait du Sultan), — la Crimée (d'où il rapporta
de nombreux croquis : *Soldats, Remparts de
Sébastopol,* etc.), — Beyrouth et le Liban, Jaffa
et Jérusalem. Les longues journées à cheval, les
campements sous la tente lui laissèrent d'inef-
façables souvenirs. C'est au retour de ce long
voyage qu'il donna *la Prédication dans le
Liban,* puis *les Juifs pleurant au mur de
Salomon* (1857), *l'Appel du soir en Crimée, la
Résurrection de Lazare, le Champ de Booz, le
Massacre des Mamelucks* qui obtint un succès
si populaire, et le beau dessin de *Condé à Rocroy,* que l'on admire dans la galerie de Chan-
tilly.

Sa renommée était alors universelle et son
autorité très grande. Avec le simple crayon
noir, il avait renouvelé la peinture d'histoire,
et mis en ses *dessins* plus de grandeur, de
vie et d'éloquence que beaucoup d'autres en
leurs tableaux. La Maison Hachette lui ayant

proposé d'entreprendre une grande illustration de la Bible (qui se réduisit, par la suite, aux *Évangiles*, aux livres d'*Esther*, *Tobie*, *Joseph*, *Ruth* et au *Cantique des Cantiques*), il voulut, avant de se mettre à l'œuvre, revoir encore une fois la scène et le décor du drame merveilleux qu'il devait faire revivre, et ce fut l'origine de son quatrième voyage en Égypte et en Palestine. Il vit le Mont Sinaï, Damas, le Liban, Jérusalem (où il rencontre Renan en train d'écrire *la Vie de Jésus*) et il revint en France exténué de fatigue, rapportant le germe d'un mal qui, durant quelques tristes années, devait le condamner, après des périodes d'intense activité et d'incessant labeur, à un repos douloureux et complet.

Pour cette illustration des *Évangiles* et de la *Bible*, il osa rompre avec la tradition classique ; il mit à profit ses voyages et ses études d'après nature pour rapprocher l'interprétation du texte sacré de la vraisemblance et de la vie. Il serait trop long de rappeler ici les discussions et les polémiques que sa hardiesse fit naître. Mais on ne saurait du moins lui refuser l'honneur d'avoir ouvert la voie à tout ce qui a pu depuis se faire dans ce genre, et d'avoir été l'initiateur d'une nouvelle tradition d'art religieux. Comme il avait profondément senti la grandeur simple, la continuelle beauté, la poésie des lieux et des saisons de la Syrie et de la Palestine, il en fit passer tout naturellement la noblesse et la suavité dans ses paysages bibliques. Son œuvre marque ainsi une date dans l'histoire de l'art français.

L'éditeur Charpentier lui demandait bientôt une illustration de Musset.

Veuf de sa première femme, il épousait, en 1869, la fille d'un grand industriel d'Alsace, et au lendemain de la guerre de 1870, après avoir fait à Paris — à côté d'Henri Regnault qui peignit alors son portrait — son service de garde national, il alla s'établir en Alsace, où le retenaient les plus chères affections et le plus intime bonheur. Son activité artistique n'était d'ailleurs pas ralentie. Il travaillait à une illustration de la délicieuse « chante fable » d'*Aucassin et Nicolette* que son ami Gaston Paris lui avait révélée. Il rapportait de ses voyages en Italie, Hollande et Allemagne de belles copies à l'aquarelle des maîtres d'autrefois et il cédait à sa vieille admiration pour les classiques du xvii° siècle en composant une suite de trente-deux illustrations pour *Molière* et *la Princesse de Clèves*, en même temps qu'il revenait avec Shakespeare aux admirations de sa jeunesse et aux souvenirs toujours chers de l'atelier de son maître Delacroix. *André Chénier* et la *Jeanne d'Arc* de Michelet furent ses dernières pensées.

Une congestion pulmonaire à marche foudroyante l'a enlevé il y a quelques mois, en pleine activité, et a mis fin à cette vie, remplie de jours et d'œuvres, tout entière consacrée à l'art sincère et désintéressé, passée dans l'intimité et vouée à l'interprétation des plus grands génies et des plus beaux poèmes, mise au service de la conscience artistique la plus délicate et la plus austère, d'un talent fait de haute culture, de méditation, de volonté patiente, de grave rêverie, où l'on ne saurait trouver rien de vulgaire ou de banal.

ANDRÉ MICHEL.

ŒUVRES D'ALEXANDRE BIDA

AQUARELLES

1 — Quarante aquarelles pour illustrer les
Œuvres de Shakespeare.

> Haut., 30 cent.; larg., 22 cent.

Portrait de Shakespeare.

> Haut., 30 cent.; larg., 25 cent.

2 — *Croquis de Venise.*
Daté avril 77.

3 — Études de femme : *Venise et Alsace.*

4 — Composition pour la *Bible.*
Signé et daté 1893.

> Haut., 31 cent.; larg., 19 cent.

5 — *Le Catéchisme.*

> Haut., 19 cent.; larg., 28 cent.

6 — *Arabes du Caire.*

7 — *L'Annonciation.*

> Haut., 37 cent.; larg., 31 cent.

2

8 — *La Fille de Jaïre.*

Haut., 42 cent.; larg., 55 cent.

9 — *Intérieur de l'église Saint-Marc, à Venise.*

Signé à gauche et daté 77.

Haut., 35 cent.; larg., 25 cent.

10 — *Vue de Venise.*

Daté Venezia, 1877.

Haut., 19 cent.; larg., 25 cent.

11 — *Joseph vendu par ses frères.*

Signé et daté 1893.

Haut., 46 cent.; larg., 68 cent.

12 — *Le Banc des Suissesses.*

Signé à gauche.

Haut., 42 cent.; larg., 31 cent.

13 — *Luigia Bognolo.*

Daté 17 mai 77.

Haut., 20 cent.; larg., 17 cent.

14 — *Luigia et Cattina.*

Portraits de deux Vénitiennes.
Daté 28 et 29 mai 77.

Haut., 24 cent.; larg., 34 cent.

15 — *Intérieur d'église.*

Haut., 18 cent.; larg., 13 cent.

16 — *Prédication de saint Jean.*

Signé à gauche.

Haut., 18 cent.; larg., 25 cent.

17 — *Égyptiens du Caire.*

> Haut., 22 cent.; larg., 27 cent.

18 — *Hami; portrait de Jeune Égyptien.*

> Haut., 28 cent.; larg., 21 cent.

19 — *Intérieur d'église à Venise.*

Daté Venezia, 1872.

> Haut., 23 cent.; larg., 16 cent.

20 — *Portrait de jeune homme.*

D'après le Titien (Musée du Louvre).
Signé du monogramme.

> Haut., 17 cent.; larg., 14 cent.

21 — *Lucrezia Panciatichi.*

D'après Bronzino (Florence).

> Haut., 25 cent.; larg., 18 cent.

22 — *Le Cardinal Ingherami.*

D'après Raphaël (Florence).
Daté Florence, 1873.

> Haut., 24 cent.; larg., 16 cent.

23 — *Plafond du Palais-Royal (Venise).*

D'après le Titien.
Daté Florence, 1874.

> Haut., 27 cent ; larg., 27 cent.

24 — *Les Époux Sassetti.*

D'après Ghirlandaio (Florence).
Daté Florence, 1874.

Haut., 31 cent.; larg., 22 cent.

25 — *Le Jugement de Pâris.*

D'après Rubens (Musée de Dresde).
Signé à gauche et daté Dresde, 1888.

Haut., 36 cent.; larg., 27 cent.

26 — *Cosme Ier.*

D'après Masaccio.

Haut., 31 cent.; larg., 22 cent.

27 — *Portrait du pape Jules II.*

D'après Raphaël.
Daté Florence, 1874.

Haut., 30 cent.; larg., 23 cent.

28 — *Portrait.*

D'après Bronzino.
Daté Florence, 1874.

Haut., 26 cent.; larg., 20 cent.

29 — *Les Noces de Cana.*

D'après Véronèse (Musée du Louvre).
Signé à gauche.

Haut., 34 cent.; larg., 23 cent.

30 — *César Borgia poignardant un favori de
son père.*

Signé à droite.

Haut., 50 cent.: larg., 36 cent.

31 — Composition pour *Saint Jean-Baptiste*.

> Signé à gauche.
>
> Haut., 24 cent.; larg., 28 cent.

32 — *L'Interrogatoire de Jeanne d'Arc.*

> Signé à gauche et daté Bühl, 1888.
>
> Haut., 55 cent.; larg., 42 cent.

33 — *Le Christ à Emmaüs.*

> D'après G. Bellini (San Salvador-Venise).
> Daté Venise, 1874.
>
> Haut., 27 cent.; larg., 32 cent.

34 — *Les Enfants de Rubens.*

> D'après le tableau de Rubens (Musée de Dresde).
> Signé à gauche et daté Dresde, juillet 1894.

35 — *Portrait de la belle du Titien.*

> Musée de Florence.
> Daté Florence, 1873.

36 — *Portrait d'homme.*

> D'après Rembrandt.
> Signé à gauche et daté nov. 87.
>
> Haut., 31 cent.; larg., 23 cent.

37 — *Sainte Barbe.*

> D'après Palma Vecchio.
> Daté à gauche mai 72.
>
> Haut., 35 cent.; larg., 14 cent.

38 — *Tête d'homme.*

D'après Velazquez.
Daté à gauche Turin, 12 juin 1877.

Haut., 14 cent.; larg., 10 cent.

39 — *Jacques II enfant.*

D'après Van Dyck (Musée de Turin).
Daté 77.

Haut., 20 cent.; larg., 10 cent.

40 — *Le Mariage de Samson.*

D'après Rembrandt (Musée de Dresde).
Daté Dresde, 1888-1894.

Haut., 52 cent ; larg., 72 cent.

41 — *Portrait d'homme.*

D'après le Titien.
Signé à gauche.

Haut., 25 cent.; larg., 17 cent.

DESSINS AU CRAYON NOIR

AU FUSAIN, A LA SÉPIA ET AU LAVIS

42 — *Le « Dosseh »*.

Haut., 48 cent.; larg., 72 cent.

43 — *Orphée*.

Signé à droite et daté 89.

Haut., 50 cent.; larg., 36 cent.

44 — *Le Massacre des Mamelucks*.

Haut., 98 cent.; larg , 66 cent.

45 — *Le Tonneau des Danaïdes*.

Signé à gauche.

Dernière œuvre du maître (1894).

Haut., 58 cent.; larg., 70 cent.

46 — Dessin pour *Numouna*, d'Alfred de Musset.

Signé à gauche.

Haut., 30 cent.; larg., 19 cent.

47 — *La Rencontre de Joseph et de Jacob*.

Signé à droite.

Haut., 35 cent.; larg., 63 cent.

48 — *Le Départ de la caravane.*

Signé à gauche.

Haut., 41 cent.; larg., 35 cent.

49 — *Jésus au milieu des docteurs.*

Signé à droite et daté Bühl, 1871-1877.

Haut., 60 cent.; larg., 90 cent.

50 — *Le Calvaire.*

Haut., 88 cent.; larg., 63 cent.

51 — *Le Massacre des Mamelucks.*

Signé à gauche.

Haut., 98 cent.; larg., 66 cent.

52 — *Croquis d'Arabes.*

Quatre feuilles en un cadre.
Daté Le Caire et Jérusalem, 56.

53 — *Le Siège de Sébastopol.*

Haut., 40 cent.; larg., 64 cent.

54 — *La Femme adultère.*

Signé à gauche et daté Bühl, 1894.

Haut., 38 cent.; larg., 50 cent.

55 — *Le Guerrier mort.*

56 — *Arabes du Caire et de Jérusalem.*

Quatre sujets sur deux feuilles.

Haut., 22 cent.; larg., 32 cent.

57 — *Les Vierges sages.*

Signé à droite.

Haut., 38 cent.; larg., 68 cent.

58 — *La Décollation de saint Jean.*

Signé à gauche.

Haut., 45 cent.; larg., 32 cent.

59 — *L'Enterrement à bord.*

Signé à gauche.

Haut., 45 cent.; larg., 40 cent.

60 — *Tombeau arabe.*

Signé à droite.

Haut., 29 cent.; larg., 21 cent.

61 — *La Princesse de Clèves.*

Cinq compositions en un cadre.

Haut., 25 cent.; larg., 20 cent.

62 — *Têtes d'Arabes.*

Quatre croquis.

Haut., 23 cent.; larg., 32 cent.

63 — *La Princesse Colonna.*

Signé et daté, Bühl, 1888.

Haut., 58 cent.; larg., 44 cent.

64 — *Le Mur de Salomon.*

Signé à gauche.

Haut., 34 cent.; larg., 49 cent.

65 — *Arabes du Caire.*

Quatre dessins.
Daté 1850.

Haut., 24 cent.; larg., 17 cent.

66 — *Joseph vendu par ses frères.*

Signé à droite.

Haut., 47 cent.; larg., 68 cent.

67 — Le Sommeil de Booz.

Signé à droite.

Haut., 27 cent.; larg., 32 cent.

68 — Trente-quatre dessins pour les *OEuvres* de Molière.

1. *Portrait de Molière.* — 2. *Sganarelle.* — 3. *Le Misanthrope.* — 4. *Les Femmes savantes.* — 5. *La Comtesse d'Escarbagnas.* — 6. *Le Malade imaginaire.* — 7-8. *Psyché.* — 9. *Les Précieuses ridicules.* — 10. *Le Mariage forcé.* — 11. *L'Amour peintre.* — 12. *Pastorale comique.* — 13. *La Critique de l'École des femmes.* — 14-15. *Les Amants magnifiques.* — 16. *Le Médecin malgré lui.* — 17-18. *L'Impromptu de Versailles.* — 19-20. *Les Fourberies de Scapin.* — 21. *Le Dépit amoureux.* — 22. *Le Malade imaginaire.* — 23. *Georges Dandin.* — 24. *L'École des maris.* — 25. *L'École des femmes.* — 26. *Don Garcie de Navarre.* — 27. *Le Médecin malgré lui.* — 28. *Le Bourgeois gentilhomme.* — 29-30. *L'Avare.* — 31. *Don Juan.* — 32-33. *Amphitryon.* — 34. *Tartufe.*

Deux portraits de Molière.

69 — Chevaux à l'abreuvoir.

Signé à gauche.

Haut., 27 cent.; larg., 21 cent.

70 — Tripolitains.

Quatre croquis en un cadre.

Haut., 23 cent.; larg., 17 cent.

60 **71** — *Têtes d'Arabes.*

Deux dessins.

Haut., 14 cent.; larg., 22 cent.

72 — Composition pour la *Pastorale comique.*

Haut., 24 cent.; larg., 18 cent.

73 — *Égyptiennes.*

Trois dessins.

74 — *Arabe se désaltérant.*

Haut., 32 cent.; larg., 25 cent.

75 — *Montagnard du Liban.*

Haut., 31 cent ; larg., 20 cent.

50 **76** — *Monténégrin.*

Haut , 26 cent.; larg., 19 cent.

80 **77** — Compositions pour la *Bible.*

Deux dessins.

85 **78** — *Tobie.*

Trois dessins.

40 **79** — *La Bastonnade.*

Haut., 15 cent.; larg. 12 cent.

80 — Composition pour les *Évangiles.*

Haut., 27 cent.; larg., 37 cent.

300 **81** — *Aman et Mardochée.*

Signé à gauche.

Haut., 43 cent.; larg., 31 cent.

82 — Deux compositions pour les *Évangiles.*

83 — *La Femme adultère.*

Haut., 17 cent.; larg., 23 cent.

84 — *L'Aréopage.*

Signé à droite.

Haut., 24 cent.; larg., 32 cent.

85 — *Jeune Égyptienne.*

Signé à gauche et daté 71.

Haut., 25 cent.; larg., 18 cent.

86 — *La Fuite en Égypte.*

Haut., 20 cent.; larg., 31 cent.

87 — *Tête d'homme.*

D'après Holbein.
Daté, Bâle, 1869.

Haut., 20 cent.; larg.. 17 cent.

88 — *Jeune Arabe du Mont Sinaï.*
Daté 28 Février 61.

Haut., 21 cent.; larg., 16 cent.

89 — Six croquis.

D'après Rembrandt, Rubens et Velazquez.

Haut., 14 cent.; larg., 8 cent.

90 — Composition pour *Simone.*

Signé à droite.

Haut., 26 cent.; larg., 20 cent.

91 — *Jésus au milieu des docteurs.*

Signé à droite.

Haut., 30 cent.; larg., 22 cent.

92 — *Tête de jeune fille.*

Signé à droite.

Haut., 16 cent.; larg., 10 cent.

93 — *Femmes de Bethléem.*

Haut., 17 cent.; larg., 25 cent.

94 — *Allégorie.*

Haut., 32 cent.; larg., 36 cent.

95 — Illustrations pour *André Chénier.*

Haut., 26 cent.; larg., 19 cent.

96 — *Femmes du Liban.*

Haut., 32 cent.; larg., 27 cent.

97 — *Arméniens.*

Trois dessins.

Haut., 25 cent.; larg., 32 cent.

98 — *Mindzam.*

Daté, Naplouse, 5 Mai 61.

Haut., 26 cent.; larg., 23 cent.

99 — *Portrait d'homme.*

Deux dessins.

Daté Etretat, Juin 69.

Haut., 24 cent.; larg., 32 cent.

100 — Composition pour les *Évangiles.*

Haut., 20 cent.; larg., 14 cent.

101 — *Le Misanthrope. — Les Fourberies de Scapin.*

    Deux dessins.

102 — *Le Sicilien. — Harpagon.*

    Deux dessins.

103 — Trois études **pour** la *Bible.*

104 — *Les Fourberies de Scapin. — Monsieur de Pourceaugnac.*

    Deux dessins.

105 — Deux compositions pour la *Bible.*

106 — *Arabes du Caire.*

    Deux dessins.

107 — *Arabe et femme du Caire.*

    Haut., 24 cent.; larg., 32 cent.

108 — Deux études pour la *Bible.*

109 — *Voyage de Crimée.*

    Deux dessins.

    Haut., 25 cent.; larg., 32 cent.

110 — *Ruth et Booz.*

    Haut., 16 cent.; larg., 24 cent.

111 — Composition pour l'illustration des Œuvres de Chénier.

    Haut., 24 cent ; larg., 18 cent.

112 — *Jeune Femme.*

    Illustration des Œuvres de Chénier.

    Haut., 25 cent.; larg., 16 cent.

113 — Composition pour la *Bible.*

Haut., 25 cent.; larg., 21 cent.

114 — Dessin pour l'illustration des *OEuvres de Chénier.*

Haut., 20 cent.; larg., 15 cent.

115 — Composition pour la *Bible.*

Haut., 19 cent.; larg., 23 cent.

116 — Deux dessins pour *la Princesse de Clèves.*

117 — *Anier de Beyrouth.*

Haut., 24 cent.; larg., 32 cent.

118 — *Études de cheval.*

Six croquis.

119 — Trois compositions pour les *Évangiles.*

120 — Composition pour les *Évangiles.*

Haut., 17 cent.; larg., 26 cent.

121 — *Arabe du désert.*

Étude pour les Évangiles.

Haut., 30 cent.; larg., 24 cent.

122 — Trois croquis pour les *Évangiles.*

123 — Cinq croquis pour les *Évangiles.*

124 — *Adam et Ève chassés du paradis terrestre.*

Signé à droite et daté 1894.

Haut., 35 cent.; larg., 27 cent.

125 — *Vieille Femme.*

Copie d'après André del Sarto.
(Musée de Florence.)
Signé à droite et daté Florence, 1873.

Haut., 30 cent.; larg., 18 cent.

126 — *Jésus au milieu des docteurs.*

Signé à gauche.

Haut., 24 cent.; larg., 32 cent.

127 — *Tombeau arabe.*

Signé à droite.

Haut., 28 cent.; larg., 20 cent.

128 — *Tête de femme.*

Signé à droite.

Haut., 15 cent.; larg., 13 cent.

129 — *Portrait de Knâan de Habadin.*

Signé du monogramme à droite et daté Beyrouth, 1861.

Haut., 20 cent.; larg., 16 cent.

130 — *Saint Colomban.*

Signé à droite.

Haut., 34 cent.; larg., 26 cent.

131 — *Un Albanais.*

Signé à droite.

Haut., 24 cent.; larg., 15 cent.

**132 — Deux croquis pour *Monsieur de Pour-
ceaugnac.***

Haut., 28 cent.; larg., 18 cent.

133 — *Femmes du Caire.*

Haut., 21 cent.; larg., 12 cent.

134 — *Égyptien.*

Haut., 32 cent.; larg., 24 cent.

135 — *Cheval arabe.*

Haut., 24 cent.; larg., 32 cent.

136 — Deux dessins pour *Ruth et Booz.*

Haut., 45 cent.; larg., 28 cent.

137 — *Noémi sur les tombeaux.*

Haut., 17 cent.; larg., 12 cent.

138 — Composition pour *Joseph et ses frères.*

Haut., 17 cent.; larg., 11 cent.

139 — Six croquis pour *Joseph et ses frères.*

Haut., 42 cent.; larg., 34 cent.

140 — Deux compositions pour les *Évangiles.*

141 — Deux compositions pour les *Évangiles.*

142 — Deux compositions pour les *Évangiles.*

143 — Deux compositions pour les *Évangiles.*

144 — Deux compositions pour les *Évangiles.*

145 — *Le Chemin de la Croix. — Laissez venir
à moi les petits enfants.*

Deux dessins.

146 — *Esther.*

3

147 — *Le Cantique des Cantiques.*

148 — Croquis de *Naplouse.*

Quatre portraits.

149 — *Hamar Assadin.*

Haut , 20 cent.; larg., 28 cent.

150 — Croquis d'*Orient.*

Quatre dessins.

151 — Croquis de *Crimée.*

Haut., 25 cent.; larg., 32 cent.

152 — *Ali-Ben-Mergouïa.*

Haut., 28 cent.; larg., 20 cent.

153 — *Jeune Musulman.*

Haut., 20 cent.; larg., 15 cent.

154 — *Voyage en Orient, 1858.*

Deux portraits.

155 — *Nassouroulla.*

Daté, Mars 56.

Haut., 32 cent.; larg., 24 cent.

156 — *Les Précieuses ridicules.*

Haut., 21 cent.; larg., 18 cent.

157 — *Le Misanthrope.*

Haut., 24 cent.; larg., 17 cent.

158 — *Rebecca.*

Haut., 24 cent.; larg., 30 cent.

159 — *Arménien.*

Haut., 16 cent.; larg., 10 cent.

160 — *Esther.*

Haut., 26 cent.; larg., 24 cent.

161 — *Le Roi Lear.*

Haut., 21 cent.; larg., 16 cent.

162 — *La Prédication de saint Jean.*

Haut., 18 cent.; larg., 17 cent.

163 — Composition pour *la Bible*

Haut., 15 cent.; larg., 13 cent.

164 — *Anier de Beyrouth.*

Haut., 24 cent.; larg., 30 cent.

165 — Deux compositions pour *les Évangiles.*

166 — *Études de femme.*

Cinq croquis.

167 — *Nègre et femme du Caire.*

Trois croquis.

168 — Études pour *les Évangiles.*

169 — Six études pour *Esther.*

170 — Études pour *les Évangiles.*

Quatre dessins.

171 — Études pour *les Évangiles.*

Quatre dessins.

172 — Deux études pour *les Évangiles*.

173 — Quatre études pour *les Évangiles*.

174 — *Étalons arabes*.

Haut., 26 cent.; larg., 35 cent.

175 — *Jacob et l'Ange : la Lutte.*

Signé à droite.

Haut., 16 cent.; larg., 24 cent.

176 — *Moïse.*

Haut., 24 cent.; larg., 16 cent.

177 — Composition pour *la Bible.*

Signé à droite.

Haut., 25 cent.; larg., 17 cent.

178 — *Agar.*

Haut., 23 cent.; larg., 17 cent.

179 — *Départ d'une caravane.*

Signé à gauche.

Haut., 16 ceut.; larg., 24 cent.

180 — *Artisans arabes.*

Voyage de 1856.

181 — Composition pour *Ruth et Booz.*

Haut., 18 cent.; larg., 31 cent.

182 — *Orfa quittant Noémi.*

Haut., 38 cent.; larg., 27 cent.

183 — *Portrait de jeune garçon.*

Haut., 25 cent.; larg., 20 cent.

184 — Composition pour *Ruth et Booz.*

Haut., 27 cent.; larg., 37 cent.

185 — *Tête de femme.*

Premier dessin d'après nature de l'artiste (1835).

Haut., 27 cent.; larg., 20 cent.

186 — *Ruth et Booz.*

Haut., 22 cent.; larg., 14 cent.

COMPOSITIONS POUR LES ŒUVRES D'ALFRED DE MUSSET

187 — *André del Sarto.*

Haut., 16 cent.; larg.; 10 cent.

188 — *Namouna.*

Haut., 10 cent., larg., 16 cent.

189 — *Les Marrons du feu.*

Haut., 10 cent.; larg., 16 cent.

190 — *Don Paez.*

Haut., 10 cent., larg., 16 cent.

191 — *Le Chandelier.*

Haut., 16 cent.; larg., 10 cent.

192 — *Le Fils du Titien.*

Haut., 16 cent.; larg., 10 cent.

193 — *Le Souvenir.*

Haut., 16 cent.; larg., 10 cent.

194 — *La Confession d'un enfant du siècle.*

Haut., 16 cent.; larg., 10 cent.

195 — *Namouna.*

Haut., 24 cent.; larg., 32 cent.

196 — **Quatre compositions pour les** *OEuvres d'Alfred de Musset.*

197 — *Lorenzaccio.*

Haut., 16 cent.; larg., 10 cent.

198 — *Lucie.*

Haut., 16 cent.; larg., 10 cent.

199 — *La Coupe et les lèvres.*

Haut., 16 cent.; larg., 10 cent.

200 — *Barberine.*

Haut., 16 cent.; larg., 10 cent.

201 — *Frédéric et Bernerette.*

Haut., 16 cent.; larg., 10 cent.

---

202 — *Hassan, Arabe du Caire.*

Haut., 25 cent.; larg., 21 cent.

203 — *Jeune femme du Caire.*

Haut., 28 cent.; larg , 21 cent.

204 — *Abd-El-Malak.*

Haut., 44 cent.; larg., 27 cent.

205 — **Composition pour** *le Cantique des Cantiques.*

Haut., 24 cent.; larg., 18 cent.

206 — *Jeanne d'Arc.*

Signé à droite.

Haut., 24 cent.; larg., 18 cent.

207 — Composition pour *Jeanne d'Arc.*

Haut., 20 cent.; larg., 16 cent.

208 — *Montagnard grec.*

Haut., 40 cent.; larg., 28 cent.

209 — *Adam et Ève chassés du Paradis ter-*
restre.

Haut., 34 cent.; larg., 22 cent.

210 — Étude pour *les Joyeuses Commères de*
Windsor.

Haut., 19 cent.; larg., 25 cent.

211 — *Étude d'âne.*

Haut., 24 cent.; larg., 27 cent.

212 — *La Méchante femme mise à la raison.*

Haut., 25 cent.; larg., 18 cent.

213 — *Types d'Orientaux.*

Voyage de 1856.

214 — *Types de Tripoli et de Bethléem.*

Voyage de 1856.

215 — *Bouillard, brigadier de la 2ᵉ compagnie*
d'armuriers.

Voyage de 1856.

216 — *Soldats de Crimée.*
Voyage de 1856.

217 — *Monténégrins.*
Voyage de 1856.
Deux dessins.

218 — *Un Fellah.*
Voyage de 1865.

219 — *Croquis d'Égypte.*
Haut., 25 cent.; larg.. 32 cent.

220 — *Tobie.*
Haut., 28 cent.; larg., 34 cent.

221 — *L'Abandon de Moïse.*
Haut., 16 cent.; larg., 24 cent.

222 — Trois compositions pour *la Bible.*

223 — Composition pour *Tobie.*
Haut,, 18 cent.; larg., 24 cent.

224 — *Étude de cheval.*

225 — *Sganarelle.* — Gros René.
Deux dessins.

226 — *Mascarille.* — *Sganarelle.*
Deux dessins.

227 — *Bédouins et femmes de Nazareth.*
Quatre dessins.

228 — Composition pour *les Évangiles.*

> Signé à droite.
>
> Haut., 24 cent.; larg., 17 cent.

229 — *Habitants de Sorrente.*

> Quatre dessins.
> Daté Sorrente, 77 et 78.

230 — *Le Retour de la pêche.*

> Haut., 17 cent.; larg., 27 cent.

231 — *Un Pâtre.*

> Quatre croquis.
> Daté Sorrente, 78.

232 — Trois dessins pour *le Mur de Salomon.*

233 — *Habitants de Damas.*

> Quatre dessins.
> Daté avril 61.

234 — *Musulmans de Beyrouth.*

> Deux dessins.

235 — *Le Supérieur du couvent du Sinai.*

> Daté 61.
>
> Haut., 30 cent.; larg., 24 cent.

236 — *Un Fellah.*

> Deux croquis.

**237 — *Femmes de Damas et Musulmans de Bey-
routh.***

Quatre croquis.
Daté avril 61.

238 — *Cavalier et cheval.*

Haut., 25 cent.; larg., 32 cent.

239 — *Étude de cheval.*

Deux dessins.

240 — *La Bataille de Rocroy.*

241 — *Moïse.*

Haut., 39 cent.; larg., 27 cent.

242 — Composition pour *les Évangiles.*

Haut., 36 cent.; larg., 23 cent.

243 — *Barberine.*

Signé à gauche.

Haut., 28 cent.; larg., 20 cent.

244 — *Samaritaine.*

Daté 61.

Haut., 21 cent.; larg., 16 cent.

245 — Composition pour *les Évangiles.*

Haut., 14 cent.; larg., 10 cent.

246 — *Apparition de l'Ange.*

Composition pour *Tobie.*

Haut., 12 cent.; larg., 24 cent.

247 — *Chamelier de Beyrouth.* — *Arabes de Syrie.*

Six dessins.

248 — *Montagnards des Pyrénées.*

Haut., 54 cent.; larg., 36 cent.

249 — Trois compositions pour *Esther.*

250 — *Étude de cheval.*

251 — *Anes du Caire.*

252 — *Trois études d'ânes.*

253 — *Voyage de Crimée.*

Trois dessins.

Haut., 25 cent.; larg., 32 cent.

254 — *Jeune femme de Beyrouth.*

Haut., 32 cent ; larg., 24 cent.

255 — *Femmes de Bethléem.*

. Trois dessins.

256 — Composition pour *les Évangiles.*

Haut., 20 cent.; larg., 14 cent.

257 — Composition pour *Tobie.*

Haut., 25 cent.; larg., 18 cent.

258 — *Ruth et Booz.*

Deux dessins.

259 — Études pour *Tobie*.

Deux dessins.

260 — *Têtes de femmes.*

Trois dessins au crayon noir.

Haut., 16 cent.; larg., 17 cent.

261 — *Les Falaises d'Étretat.*

Daté 1866.

Haut., 19 cent.; larg., 31 cent.

262 — *Portrait de femme.*

D'après Frans Hals.
Daté 87.

263 — *Adam et Ève chassés du Paradis ter-restre.*

Haut., 24 cent.; larg., 17 cent.

264 — *Tartufe.*

Haut., 19 cent.; larg., 16 cent.

265 — *Montagnard grec.*

Haut., 28 cent.; larg., 22 cent.

266 — *Le Clairon.*

Haut., 30 cent.; larg., 20 cent.

DESSINS A LA PLUME

267 — *Le Bourgeois gentilhomme.*
Haut., 18 cent.; larg., 14 cent.

268 — *Le Départ.*
Haut., 15 cent.; larg., 12 cent.

269 — *Cavaliers arabes.*
Haut., 20 cent.; larg., 19 cent.

270 — Composition pour les *OEuvres de Ché-nier.*
Haut., 24 cent.; larg., 19 cent.

271 — Deux compositions pour *la Bible.*

272 — Deux compositions pour *Ruth et Booz.*

273 — *Aucassin et Nicolette.*

274 — Composition pour *Tobie.*
Haut., 10 cent.; larg., 21 cent.

275 — Trois compositions pour *Aucassin et Nicolette.*

276 — Deux croquis pour *la Princesse de Clèves.*

277 — Trois compositions pour *Tobie.*

278 — Trois compositions pour les *OEuvres de Molière.*

279 — *Le Malade imaginaire.* — *M. de Pourceaugnac.*

> Deux composit'ons.

280 — *L'Impromptu de Versailles.* — *Tartufe.* — *L'Amour médecin.*

> Trois compositions.

281 — *Le Médecin malgré lui.* — *Sganarelle.*

> Trois compositions.

282 — *Aucassin et Nicolette.*

> Deux compositions.

283 — *Aucassin et Nicolette.*

> Deux compositions.

284 — *Les Aniers.*

> Signé à droite et daté Paris, 70.
>
> Haut., 15 cent.; larg., 20 cent.

285 — *Deux paysages.*

286 — *Aucassin et Nicolette.*

> Huit compositions en un cadre.

TABLEAUX ET DESSINS

par divers artistes

BENOUVILLE

287 — *La Sainte Hostie.*

Dessin au crayon.
Signé à droite.

Haut., 25 cent.; larg., 14 cent.

BERNIER (C.)

288 — *Paysage.*

Signé à gauche.

Haut., 38 cent.; larg., 57 cent.

CALS

289 — *La Sainte Famille.*

Copie d'après Rembrandt.
Signé : *Cals.*

Haut., 13 cent.; larg., 11 cent.

CLAIRIN (G.)

290 — Maquette pour *un plafond.*

Diamètre, 63 cent.

Signé dans le médaillon qui forme le centre de la composition avec la dédicace :

A Madame Marie Bida,

Son ami : G. CLAIRIN, 1882.

291 — *Vue d'un cloître de Florence.*

Aquarelle.
Signé à gauche, avec dédicace à *Madame Bida,* et daté 1874.

Haut., 36 cent.; larg., 30 cent.

DELACROIX (EUG.)

292 — *Études de nu.*

Deux croquis au crayon noir.

Haut., 13 cent.; larg., 35 cent.

(Vente E. Delacroix.)

293 — *Jésus sur le lac de Génésareth.*

Dessin au crayon.

Haut., 37 cent.; larg., 55 cent.

(Estampille de la vente Delacroix.)

ÉCOLE BYZANTINE

294 — *La Sainte Vierge et l'Enfant Jésus.*

Haut., 22 cent.; larg., 21 cent.

295 — *La Sainte Vierge.*

Panneau sculpté à bordure composée de quatorze divisions où sont représentées des scènes de la Bible.

Haut., 60 cent.; larg., 46 cent.

FORGET (C.)

296 — *Le Parc de Neuilly.*

Signé à gauche et daté 1851.

Haut., 24 cent.; larg., 33 cent.

FROMENTIN (E.)

297 — *Cavaliers arabes.*

Esquisse.
Signé à gauche du monogramme.
Avec dédicace : *A mon ami* A. BIDA.

Haut., 39 cent.; larg., 24 cent.

298 — *Centauresse.*

Dessin au crayon noir.

Haut., 44 cent.; larg., 55 cent.

(Nº 194 de la Vente Fromentin.)

4

FROMENTIN (E.)

299 — *Buste d'homme*.

Dessin au crayon.
Avec dédicace de *Madame Fromentin*.

Haut., 37 cent.; larg., 31 cent.

(*N° 195 de la Vente Fromentin*.)

HEILBUTH (F.)

300 — *Les Premiers pas*.

Aquarelle.
Signé à droite, avec dédicace.

Haut., 30 cent.; larg., 38 cent.

INCONNU

301 — *Amours*.

Peinture à l'huile.

Haut., 55 cent.; larg., 77 cent.

302 — *Les Fuyards*.

Dessin au crayon.

Haut., 25 cent.; larg., 30 cent.

303 — Copie d'après Rembrandt.

Peinture à l'huile.
Signé du monogramme D N et daté 1865.

Haut., 43 cent.; larg., 58 cent.

INCONNU

304 — *Tobie et l'Ange.*

Copie d'après Rembrandt.

Haut., 21 cent.; larg., 16 cent.

LAMI (Eug.)

305 — *Fantasio.*

Aquarelle.

Avec dédicace : *A l'ami Bida,* Eug. Lami, 1886.

Haut., 11 cent.; larg., 13 cent.

LANDELLE (Ch.)

306 — Copie d'après Velazquez.

Peinture à l'huile.

Haut., 32 cent.. larg., 24 cent.

MARCHAL (Ch.)

307 — Étude pour *la Foire aux servantes.*

Dessin au crayon.
Signé à gauche.

Haut., 58 cent.; larg., 43 cent.

MEISSONIER

308 — *Un Mousquetaire.*

Dessin au crayon noir.
Signé du monogramme.

Haut., 5 cent. 1/2; larg., 4 cent.

PAPETY — BÉNOUVILLE

309 — *Croquis à la plume.*

PILS (J.)

310 — *Fantassin*.

Dessin au crayon noir rehaussé de blanc.
Signé à droite.

Haut., 43 cent.; larg., 30 cent.

POLLET (Victor)

311 — *Portrait de femme*.

Aquarelle.

Haut., 30 cent.; larg., 23 cent.

PUVIS DE CHAVANNES

312 — *La Paix*.

Dessin.

Haut., 1 mètre; larg., 1 m. 50 cent.

WATTEAU (Attribué à)

313 — *Têtes de femme*.

Dessin au crayon rehaussé de sanguine.

Haut., 11 cent.; larg., 24 cent.

GRAVURES

EAUX-FORTES ET LITHOGRAPHIES

314 — **Aubry Lecomte.** *L'Étude guide l'essor du génie. — Une Pensée.*

> Lithographies d'après Prud'hon.

315 — **Baudet (Estienne).** *Paysage.*

> D'après le Poussin.
> Eau-forte.

316 — **Baron.** *Le Concert.*

> Lithographie.

317 — **Bellenger.** *Les Vendanges.*

> D'après Prud'hon.
> Lithographie.

318 — **Bida.** *Saint Colomban.*

> Eau-forte.
> Très belle épreuve.

319 — **Bida.** *Portrait d'homme.*

> D'après Holbein.
> Eau-forte.
> Très belle épreuve.

320 — **Bida.** *Portrait d'homme.*
D'après Velazquez.
Eau-forte.
Etat.

321 — **Bida.** Six études d'*Anes d'Orient.*
Eaux-fortes.
Paris, 1886.

322 — **Bida.** *Aucassin et Nicolette.*
Trente-quatre eaux-fortes.
Très belles épreuves.

323 — **Bida.** *Histoire de Joseph.*
Quarante-quatre eaux-fortes et gravures sur bois.
(Chine.)

324 — **Bida.** *Histoire de Joseph.*
Quarante-quatre eaux-fortes et gravures sur bois.
(Papier bleuté.)

325 — **Bida.** *Tête d'homme.*
Eau-forte d'après Rembrandt.
Très belle épreuve.

326 — **Bida.** Seize lithographies du *Voyage d'Orient.*

327 — **Bida.** Neuf eaux-fortes pour *Aucassin et Nicolette.*
Japon.

328 — **Bida**. Neuf eaux-fortes pour *Aucassin et Nicolette*.

Chine.

329 — **Bida**. Lithographies pour l'*Album d'Égypte*.

330 — **Bida**. Quarante-cinq eaux-fortes pour les *Évangiles*.

331 — **Bida**. *André Chénier*. — Croquis d'*Orient*. — *Aucassin et Nicolette*.

Cinquante-cinq eaux-fortes. (Très belles épreuves.)

332 — **Bida**. *Aucassin et Nicolette*. — *Anes d'Orient*. — *Les Évangiles*.

Soixante-dix eaux-fortes.

333 — **Bida**. *Saint Colomban*. — *Aucassin et Nicolette*.

Gravures à l'eau-forte.
Environ cent épreuves.

334 — **Bida**. Illustrations pour *Alfred de Musset*. — *Portraits, etc.*

Cent quatorze eaux-fortes.

335 — **Bida**. Soixante eaux-fortes pour les *Évangiles*.

336 — **Bida, De Lemud, Cél. Nanteuil, Français, Charlet**. Vingt lithographies.

337 — **Bida, Carle Vernet, Bonvin, Pollet, etc.**
Quarante eaux-fortes et lithographies.

338 — **Browne (Henriette).** *Syriens.*

Eau-forte d'après Bida.

339 — **Browne (Henriette).** *Job et ses amis.*

Lithographie d'après Bida.

340 — **Charlet et Bellangé.** Dix-sept lithographies.

Bonnes épreuves.

341 — **Cousins (Samuel).** *La Comtesse Gower.*

Gravure d'après Th. Lawrence.

342 — **Cousins (Samuel).** *Portrait d'homme.*

D'après Sir Th. Lawrence.

343 — **Cousins (Samuel).** *Portrait du pape Pie VII.*

D'après Sir Th. Lawrence.
Vernis mou.

344 — **Delacroix.** *Jeune Tigre jouant avec sa mère.*

Decamps. *Vue d'Égypte.*

Deux lithographies.

345 — **Doré (Gustave)**. Douze compositions pour le *Juif Errant*.

> Gravures sur bois.
> Paris, Lévy, 1856.

346 — **Français**. *Offrande à Flore.*

> Lithographie.

347 — **Gavarni**. *Les Maris me font toujours rire.*

> Dix lithographies.
> Paris, Librairie Nouvelle.

348 — **Gellée (Claude)**. *Paysage.*

> Eau-forte.
> Datée Rome, 1652.
>
> Haut., 16 cent.; larg., 21 cent.

349 — **Haussoullier (W.)**. *Romulus rapportant des trophées.*

> D'après Ingres.

350 — **Hédouin (Ed.)**. *Le Repas champêtre.*

> Eau-forte d'après Carle van Loo.

351 — **Hédouin (Ed.)**. *Le Bain.*

> Eau-forte d'après Boucher.
> Très belle épreuve.

352 — **Gillis Hendrich**. *Hommage à Lucas Lancelot.*

> Eau-forte d'après Rubens.

353 — **Henriquel-Dupont.** *Les Pèlerins d'Emmaüs.*

D'après Paul Véronèse.
Gravure au burin.
Très belle épreuve, avec dédicace.

354 — **Inconnu.** *Paysage.*

Gravure d'après Troyon.

355 — **Inconnu.** *La Résurrection de Lazare.*

Gravure en taille-douce.

356 — **Jacque (Ch.).** *Album de sujets rustiques.*

Gravé par Lavieille.
Gravures sur bois. Paris, 1853.

357 — **Laurens (Jean-Paul).** *Récits des temps mérovingiens.*

Suite de quarante-deux gravures, reliées en un
volume in-folio.
Très bel état.

358 — **Laurens (Jean-Paul).** *Victoire Tranchart.*

Eau-forte.
Très belle épreuve.

359 — **Le Roux (Eug.).** *Les Prisonniers.*

Lithographie d'après Bida.

360 — **Le Roux (Eug.).** *Vue du Caire.*

Lithographie d'après Decamps.

361 — **Lewis (Ch.).** *Chasseur écossais.*

Gravure et vernis mou.

362 — **Menzel (A.).** Cinq eaux-fortes.

Berlin, 1844.

363 — **Millet (J. F.).** *Les Quatre Heures du jour.*

Gravé par Lavieille.
Quatre gravures sur bois en couverture. (Papier
de Chine). Paris, 1860.

364 — **Morin.** *Portrait de Vitré.*

D'après Ph. de Champaigne.
Eau-forte.

365 — **Morin.** *Portrait du cardinal Bentivoglio.*

D'après Van Dyck.
Eau-forte.

366 — **Mouilleron.** *La Ronde de nuit.*

D'après Rembrandt.
Lithographie.

367 — **Pesne (J.).** *Le Testament d'Eudamidas.*

Eau-forte, d'après le Poussin.

368 — **Pradier.** *Virgile.*

D'après Ingres.
Gravure en taille-douce.

369 — **Prud'hon**. *Une Lecture.*

> Lithographie.

ŒUVRES DE RAFFET

370 — *Dernier bataillon de gauche.... joue!.... feu !... chargez. (Waterloo.)*

> Lithographie.
> Très belle épreuve.

371 — *Les Portes de fer.*

> Gravures sur bois.
> Huit fumés, dont un avec autographe de Raffet.

372 — *Le Réveil. — La Revue nocturne.*

> Deux lithographies.

373 — *Il est défendu de fumer, mais vous pouvez vous asseoir. — Le Représentant du peuple (1794).*

> Deux lithographies.

374 — *Souvenirs d'Italie. — Expédition de Rome.*

> Trente-six lithographies.
> Très belles épreuves.

375 — *Retraite du bataillon sacré à Waterloo.*

> Lithographie.
> Très belle épreuve.

376 — *Vive la République. — Abordez franche-ment l'ennemi. — Dernière charge des lan-ciers rouges.*

Trois lithographies.

377 — *Le Représentant... — A mort pour la liberté. — Italie (1796).*

Trois lithographies.

378 — *Le Testament de Pigault-Lebrun. — Ordre du jour. — Au rétablissement de la Pologne.*

Trois lithographies.

379 — *Le Beau chanteur. — Ah! c'te balle. — Bernard et Mouton. — 1813.*

Quatre lithographies.

380 — *Le Drapeau du 17ᵉ léger.*

Lithographie.
Très belle épreuve.

381 — Trente-quatre lithographies pour : *La Prise de Constantine. — Voyage de Russie. — Constantinople et Smyrne.*

—

382 — **Rembrandt.** *Jésus-Christ prêchant (La petite tombe).*

Eau-forte.
Bonne épreuve.

383 — Rembrandt. *Le Docteur Faustus.*

> Eau-forte.
> Bonne épreuve.

384 — Rembrandt. *Suzanne au bain.*

> Eau-forte.
> Bonne épreuve.

385 — Rembrandt. *La Déposition de croix.*

> Eau-forte.
> Bonne épreuve.

386 — Rembrandt, Van Ostade. *Eaux-fortes.*

> Treize pièces.

387 — Sirouy. *Le Duel.*

> Lithographie d'après Gérôme.
> Très belle épreuve, avec dédicace.

388 — Un lot de gravures *(portraits anciens et moderncs).*

> Environ quarante pièces.

389 — Un lot de gravures anciennes et modernes.

390 — Un lot de gravures anciennes et modernes.

LIVRES, PHOTOGRAPHIES

391 — **Lemaistre de Sacy**. *Histoire d'Esther,*
1 vol. in-folio, illustré par Bida. *Paris,
Hachette.* 1882. (Vélin.)

392 — Le même, édition sur Hollande.

393 — Le même, édition sur Whatman.

394 — Le même, édition sur Chine.

395 — **Lemaistre de Sacy**. *Histoire de Joseph,*
1 vol. in-folio, illustré par Bida. *Paris,
Hachette.* 1878. (Vélin.)

396 — Le même, édition sur Hollande.

397 — Le même, édition sur Whatman.

398 — Le même, édition sur Chine.

399 — **Lemaistre de Sacy**. *Le Livre de Ruth,*
1 vol. in-folio, illustré par Bida. *Paris,
Hachette.* 1878. (Vélin.)

400 — Le même, édition sur Hollande.

401 — Le même, édition sur Whatman.

402 — Le même, édition sur Chine.

403 — **Lemaistre de Sacy**. *Histoire de Tobie.*
1 vol. in-folio, illustré par Bida. *Paris,
Hachette.* 1880. (Chine.)

404 — Le même, édition sur Whatman.

405 — Le même, édition sur Hollande.

406 — **Blanc (Ch.)** *L'Œuvre de Rembrandt* (en
livraisons).

407 — **Renan (Ernest)**. *Le Cantique des Cantiques*, 1 vol. in-folio, illustré par Bida, avec
les gravures en plusieurs états. (Exemplaire
réservé, relié par Marius Michel.) *Paris,
Hachette.* 1886.

408 — Le même. *Paris, Hachette,* 1880. Édition sur vélin.

409 — Le même, édition sur vélin.

410 — Le même, édition sur Japon.

411 — Le même, édition sur Chine.

412 — **Michelet (J.)**. *Jeanne d'Arc,* 1 vol. gr.
in-8°, avec 10 eaux-fortes, d'après les dessins de Bida. *Paris, Hachette.* 1888. (Japon.)

413 — Le même, édition sur Chine.

414 — **Robaut (Alfred)**. *L'Œuvre complet d'Eugène Delacroix*. 1 vol. illustré. *Paris*. 1885.

415 — **Michel (Emile)**. *Rembrandt, sa vie, son œuvre et son temps*. 1 vol. illustré. *Paris*. 1893.

416 — **Hédouin**. Illustrations pour le *Théâtre de Molière*. 1 vol. in-4°. *Paris, Morgand*. (Relié par Marius Michel.)

417 — *Les Saints Évangiles*. 1 vol. in-folio, illustré par Bida. *Paris, Hachette*. 1878. (Reliure maroquin plein.)

418 — Le même, broché.

419 — **Chénier (André)**. *Poésies*. 1 vol. illustré par Bida. *Paris*. 1888.

420 — **De Musset (Alfred)**. *Œuvres complètes*, illustrées par Bida. 10 vol. *Paris*. 1865.

421 — **Duruy (Victor)**. *Histoire des Grecs*. 7 vol. *Paris*. 1885. — *Histoire des Romains*. 3 vol. *Paris*. 1889. — **Wallon**. *Jeanne d'Arc*. 1 vol. illustré. *Paris*. 1883. — **Mme de Witt**, née **Guizot**. *Les Chroniqueurs de l'Histoire de France*. 1 vol. *Paris*. 1885. — *L'Histoire de France racontée à mes petits-enfants*.

5 vol. *Paris*. 1877. — **E. Renan**. *OEuvres*. 10 vol. — **Saint-Simon**. *Mémoires*. 20 vol. — La *Gazette des Beaux-Arts*. 11 vol. — *Le Tour du Monde*. 51 vol. — Les *Contes de Perrault*, illustrés par Gustave Doré. — **Töppfer**. *Le Docteur Festus*. — **Giacomelli**. *L'OEuvre de Raffet*.

Chaque ouvrage sera vendu séparément.

422 — Sous ce numéro seront vendus environ trois cents volumes : Histoire, — Beaux-Arts, — Voyages, — Romans; et trois albums ainsi que plusieurs lots de photographies.

OBJETS D'ART ET DE CURIOSITÉ

BRONZES ET CUIVRES

423 — Groupe en bronze à patine verte : Cheval
attaqué par un lion. Signé : *Barye.*

424 — Groupe de levrettes en bronze. Signé
P. J. Mène. Avec dédicace.

425 — Lanterne à main en cuivre jaune. XVIIIe siècle.

426 — Plat en cuivre décoré d'une rosace.

427 — Plat en cuivre décoré de raisin et d'inscriptions.

428 — Plat en cuivre : l'Annonciation.

429 — Plat en cuivre : Adam et Ève.

430 — Deux petits bassins en cuivre ; au fond de
l'un, godrons ; au fond de l'autre, Adam et Ève.

431 — Deux grands plats en cuivre à décor d'écussons et de rinceaux.

432 — Vasque ovale en cuivre rouge à godrons.

433 — Petit seau en cuivre rouge gravé.

434 — Jardinière à anses en cuivre rouge.

435 — Petit lustre en dinanderie.

436 — Deux suspensions variées pour lampes ou fleurs en cuivre ajouré.

437 — Jardinière en cuivre argenté à décor d'inscriptions gravées. Travail arabe.

438 — Aiguière accompagnée d'un bassin en cuivre jaune. Travail oriental.

439 — Deux pièces : brûle-parfum et flacon aspersoir en cuivre. Travail turc.

ARMES

440 — Fusil à silex oriental à fût et crosse de bois incrusté d'os et de cuivre à dessin géométrique.

441 — Fusil à silex oriental à crosse plaquée de fer gravé.

442 — Fusil à silex oriental à crosse de bois.

443-444 — Cinq pièces : yatagans, sabres, poignard. T oriental.

445 — Deux étendards orientaux.

446 — Javelot.

447 — Escopette à silex à décor de trophées. XVIIIe siècle.

448 — Petit tromblon à silex : canon et garnitures de fer damasquiné. XVIIIe siècle.

449 — Paire de pistolets à silex : canon décoré de rinceaux. XVIIIe siècle.

450 — Paire de pistolets à silex ; crosse incrustée de cuivre. XVIIIe siècle.

451 — Épée de cour à poignée de bronze et de nacre.

OBJETS VARIÉS

452 — Pendule avec socle-applique en marqueterie de cuivre et d'écaille du XVIIe siècle : chutes, bas-relief, encadrements, cadran en bronze.

453 — Deux grands landiers en fer.

454 — Deux écussons armoriés en pierre sculptée et peinte.

455 — Trois écussons variés en bois peint et doré.

456 — Petit cabinet à portes, tiroirs et étagères en laque du Japon, à décor d'oiseaux.

457 — Coffret garni de fer avec serrure à moraillon.

458 — Coffret en bois noir incrusté de nacre et de cuivre.

459 — Deux petits meubles bas variés à un tiroir en bois incrusté de nacre et d'os. Travail oriental.

460 — Quatre coussins.

461 — Trois pièces en fer : crémaillère et deux crochets de suspension.

462 — Deux khalians persans avec supports en bronze.

463 — Aiguière persane en étain.

464 à 466 — Quinze pièces : carquois en cuivre étamé ; ceinture avec plaque en cuivre argenté ; cartouchière en cuir ; deux fontes de pistolets en cuir ; sac en cuir et deux ceinturons pour armes en cuir ; pulvérin en cuir ; deux gibernes en bronze ; amorçoir en cuivre ; bracelet en cuivre ; tambourin plaqué de nacre et couronnement d'étendard en cuivre. Travail oriental.

467 — Deux coupes variées avec couvercles en cristal partiellement doré.

468 — Cinq pièces : verrerie.

CÉRAMIQUE

469 — Plaque ronde en ancienne faïence italienne :
la Vierge et l'Enfant Jésus.

470 — Deux pièces, faïence : plateau décoré de
fleurs polychromes et plat orné de fleurs émaillées bleu.

471 — Deux plats : l'un, en ancienne faïence de
Savone à décor bleu, écusson armorié et cavaliers ; l'autre, en faïence italienne à décor de
branches fleuries.

472 — Deux cornets en faïence italienne, personnages
et trophées sur fond bleu.

473 — Quatre pièces, faïence : deux cornets et deux
vases à décor de fleurs.

474 — Petit cornet en faience, décoré d'un enfant.

475 — Vase avec couvercle en faïence côtelée, à
décor de fleurs émaillées bleu.

476 — Vase ovoïde en faïence italienne à décor de
rinceaux.

477 — Deux plats en faience : l'un, à décor de dieux
marins ; l'autre, à décor bleu de paysages. En-
cadrés.

478 — Deux vases balustres côtelés avec supports et couvercles en faïence de Nove.

479 — Deux flacons doubles eu faïence, genre Rouen.

480 — Deux pots cylindriques avec couvercles en porcelaine de Chine ; socles en bronze.

MEUBLES

481 — Petite commode Louis XV en marqueterie de bois de placage à deux rangs de tiroirs avec poignées et entrées de serrures en bronze ; dessus de marbre.

482 — Stalle en bois sculpté, ornée de panneaux gothiques à fenestrages et serviettes repliées.

483 — Petit coffre en bois sculpté, orné de panneaux gothiques à sujets saints et fenestrages.

484 — Coffre en chêne sculpté à vases de fleurs et arcades. XVIe siècle.

485 — Cabinet en noyer et racine de noyer fermant à deux portes et contenant de nombreux tiroirs ; décor de mascarons, rinceaux et figurines d'amours. XVIIe siècle. Table-support en bois sculpté à rinceaux et mascarons.

486 — Petit meuble à deux tiroirs en bois sculpté à mascarons et colonnettes ; il ferme à quatre portes et contient deux tiroirs.

487 — Pannetière en noyer sculpté et tourné. XVIIIe siècle.

488 — Maie en noyer sculpté. XVIIIe siècle.

489 — Deux banquettes italiennes en bois sculpté à dossier contourné à décor de sirènes et feuillages. XVIIe siècle.

490 — Deux fauteuils italiens à dossier carré en bois, couverts, l'un en ancien damas rouge, l'autre en ancien velours rouge ciselé à fond tissé de métal.

491 — Deux fauteuils à dossier carré en bois, couverts, l'un en ancien damas rouge, l'autre en ancien damas jaune.

492 — Grand fauteuil en bois sculpté à décor de rosaces.

493 à 496 — Huit chaises variées en bois sculpté et tourné. XVIIe siècle.

497 — Petit escabeau en bois sculpté à dossier orné de feuillages.

498 — Deux petits tabourets en noyer sculpté à traverse ornée et couverts en cuir.

499 — Table à pieds tors ; dessus en marqueterie de bois de couleur.

500 — Armoire en marqueterie de bois de couleur.

501 — Armoire en bois de placage.

502 — Armoire à deux portes en noyer sculpté à feuillages et rosaces.

503 — Psyché Louis XVI en acajou et cuivres.

504 — Table de style Henri II en bois sculpté ; piétement à colonnettes et arcades.

505 — Lutrin en chêne sculpté.

506 — Paravent en bambou et feuilles peintes, à décor de combats de Japonais.

507 — Armoire à glace en palissandre.

508 — Petit meuble bas à deux portes en noyer.

509 — Coffre carré en chêne.

510 — Glace, cadre en marqueterie de bois de couleur. XVIIe siècle.

511 — Glace, cadre doré.

512 — Deux chevalets de peintre.

COSTUMES, ÉTOFFES

513 — Veste orientale en velours rouge avec parements en broderie de cuivre doré.

514 — Veste orientale en velours rouge et broderies métalliques.

515 — Ceinture orientale en velours brodé.

516 — Veste orientale en soie rouge brodée.

517 — Culotte en soie blanche brodée au point de chaînette à fleurs.

518 à 527 — Environ cent pièces de costumes orientaux en étoffes variées.

TAPISSERIES

528 — Tapisserie en largeur du xviiie siècle : le Jugement de Pâris, composition de cinq personnages dans un parc orné de pièces d'eau; bordures à fond marron.

Haut., 3 m. 5 cent.; larg.; 4 m. 50 cent.

529 — Tapisserie en largeur du xviiie siècle, de la même suite que la précédente : Pâris, enfant,

abandonné sur le mont Ida, composition de cinq personnages dans un parc orné de pièces d'eau ; bordures à fond marron.

Haut., 3 mètres ; larg., 5 mètres.

530 — Tapisserie verdure en largeur avec oiseaux et cours d'eau ; bordures de fleurs, fruits et oiseaux. XVIII⁰ siècle.

Haut., 2 m. 5 cent.; larg., 4 m. 70 cent.

531 — Panneau en tapisserie verdure avec oiseaux ; bordures de trois côtés. XVIII⁰ siècle.

532 — Petite tapisserie à sujet de chasse sur fond de verdure. XVI⁰ siècle.

533 — Petite tapisserie verdure avec paons au premier plan. XVIII⁰ siècle.

534-535 — Divers fragments et bordures de tapisserie.

TAPIS

536 — Petit tapis en mosaïque de draps de Recht, à décor de vases de fleurs sous une arcade, avec bordure de fleurs.

537 — Tapis en mosaïque de draps de Recht, à décor de vases de fleurs sur fond marron.

538 — Tapis oriental en mosaïque de draps de Recht.

539 — Carpette orientale à fond orangé.

540 — Chemin oriental à fond rayé.

541 — Petit tapis-chemin oriental, fond rouge, bordure à fond blanc.

542 — Tapis d'Orient.

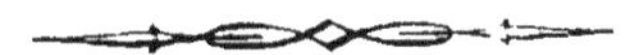